C.2

NIVEL
3

D0373991

GRANDES MIGRACIONES
Las Ballenas

Laura Marsh

NATIONAL
GEOGRAPHIC

Washington, D.C.

Para Tía Linda
—L. F. M.

Libro en rústica: 978-1-4263-2498-7
Encuadernación de biblioteca: 978-1-4263-2499-4

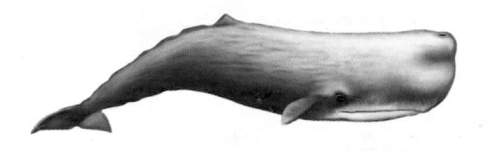

Clave de abreviaciones: GET = Getty Images; IS = iStockphoto.com; NGS = NationalGeographicStock.com; NGT = National Geographic Television; SS = Shutterstock.com

Tapa, Hiroya Minakuchi/Minden Pictures/NGS; Imagen de agua de fondo, Michael Jay/IS; Palabra clave en todo el libro: Andrea Danti/SS; 1, Flip Nicklin/Minden Pictures/NGS; 4, Flip Nicklin/Minden Pictures/NGS; 5 (abajo), NGT; 5 (arriba), John Eastcott & Yva Momatiuk/NGS; 6 (arriba), Rob Wilson/SS; 6 (al medio), Mopic/SS; 6 (abajo), Hugh Lansdown/SS; 7, Peter G. Allinson, M.D./NGS; 8—9, Peter G. Allinson, M.D./NGS; 10—11, Flip Nicklin/Minden Pictures/NGS; 12, Flip Nicklin/Minden Pictures/NGS; 13, Camilla Wisbauer/IS; 14—15, Flip Nicklin/Minden Pictures/NGS; 16—17, Flip Nicklin/Minden Pictures/NGS; 18, Flip Nicklin/Minden Pictures/NGS; 19, Flip Nicklin/Minden Pictures/NGS; 22, Mike Kelly/The Image Bank/GET; 23 (arriba), Brigitte Wilms/Minden Pictures/NGS; 23 (al medio), DJ Mattaar/SS; 23 (abajo), Jason Edwards/NGS; 25, Flip Nicklin/NGS; 26—27, Flip Nicklin/NGS; 28—29, Hiroya Minakuchi/Minden Pictures/NGS; 30—31, Jason Edwards/NGS; 32 (arriba, izquierda), Hiroya Minakuchi/Minden Pictures/NGS; 32 (abajo, derecha), NGT; 32 (al medio, izquierda), NGT; 32 (al medio, derecha), Flip Nicklin/Minden Pictures/NGS; 32 (abajo, izquierda), Flip Nicklin/Minden Pictures/NGS; 32 (arriba, derecha), Flip Nicklin/NGS; 33 (arriba, izquierda), Flip Nicklin/Minden Pictures/NGS; 33 (arriba, derecha), Hiroya Minakuchi/Minden Pictures/NGS; 33 (al medio, izquierda), NGT; 33 (abajo), Flip Nicklin/NGS; 33 (abajo, derecha), Flip Nicklin/Minden Pictures/NGS; 34, Ivanova Inga/SS; 35, Hiroya Minakuchi/Minden Pictures/NGS; 36, Brian Skerry/NGS; 37, Tyson Mackay/All Canada Photos/GET; 38 (arriba), Hiroya Minakuchi/Minden Pictures/NGS; 38 (abajo), Jiri Rezac/Greenpeace; 40, Igor Stevanovic/SS; 41, Flip Nicklin/Minden Pictures/NGS; 43, Flip Nicklin/Minden Pictures/NGS; 44, Randy Faris/Corbis; 44—45, Ralph Lee Hopkins/NGS; 46 (arriba, derecha), Flip Nicklin/Minden Pictures/NGS; 46 (abajo), Hiroya Minakuchi/NGS; 46 (al medio, derecha), Hiroya Minakuchi/Minden Pictures/NGS; 46 (al medio, izquierda), Flip Nicklin/Minden Pictures/NGS; 47 (arriba, derecha), Mogens Trolle/SS; 47 (arriba, izquierda), Patricio Robles Gil/Minden Pictures/NGS; 47 (al medio, derecha), Peter G. Allinson, M.D./NGS; 47 (abajo, izquierda), Jiri Rezac/Greenpeace; 47 (abajo, derecha), Igor Stevanovic/SS

National Geographic apoya a los educadores K-12 con Recursos del ELA Common Core. Visita natgeoed.org/commoncore para más información.

Impreso en los Estados Unidos de América
15/WOR/1

Tabla de contenidos

Moviéndose

Cuando los animales viajan de una región o hábitat a otra, se llama migración. Los animales migran para buscar comida o una pareja. La migración les ayuda a sobrevivir en la Tierra.

Muchos animales migran. La ballena cachalote es uno de ellos.

ballenas cachalotes

ñus

cangrejos rojos

Palabra clave

MIGRACIÓN: Moverse de una región o hábitat a otra en busca de comida o una pareja

PAREJA: El macho o la hembra en una relación. La mayoría de los animales necesitan una pareja para tener crías.

¿Qué animal...

... es más largo que un autobús escolar?

... tiene el cerebro más grande
de todos los animales?

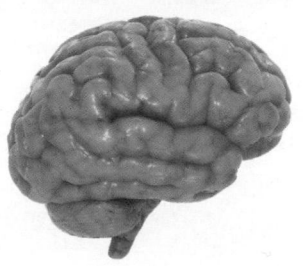

... es uno de los mejores buceadores
del mundo?

6

¡Una ballena cachalote!

Ballenas maravillosas

Las ballenas cachalotes son animales asombrosos. Son los depredadores dentados más grandes del planeta. Los machos son más grandes que las hembras, pesan hasta 50 toneladas y miden hasta 60 pies de largo. No son grandes, son ¡E–N–O–R–M–E–S!

¿Cómo nos comparamos?

Una ballena cachalote es tan grande que al lado de ella, un humano adulto parece muy pequeño.

La cabeza de una ballena cachalote es grande también. Es un tercio de su cuerpo entero.

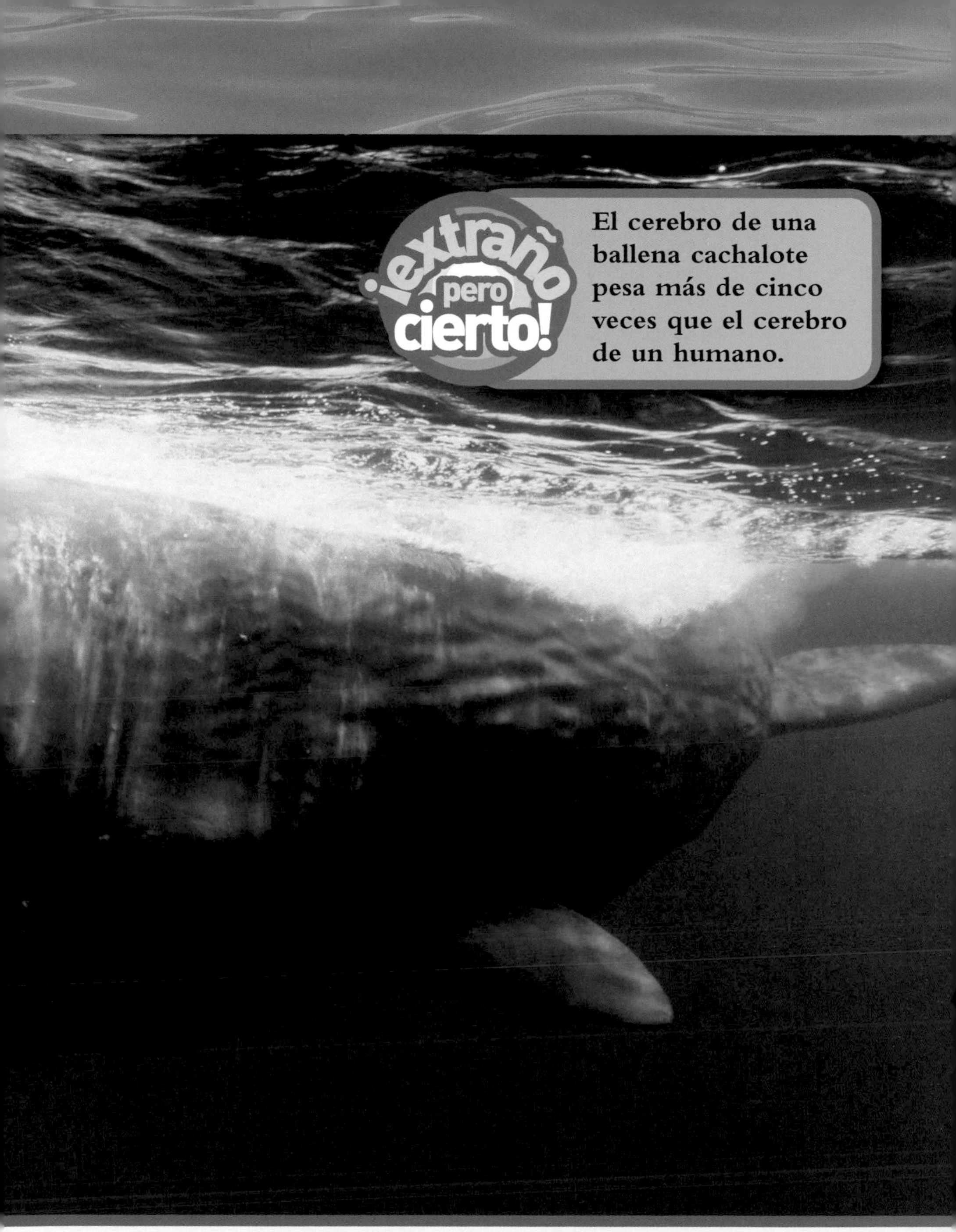

El cerebro de una ballena cachalote pesa más de cinco veces que el cerebro de un humano.

¡Su cerebro es el más grande de todos los animales en la Tierra y pesa hasta 20 libras!

Palabra clave

ESPERMACETI: Un material aceitoso y ceroso que se encuentra en la cabeza de la ballena cachalote

El nombre ballena cachalote viene de un material ceroso que tienen en la cabeza.

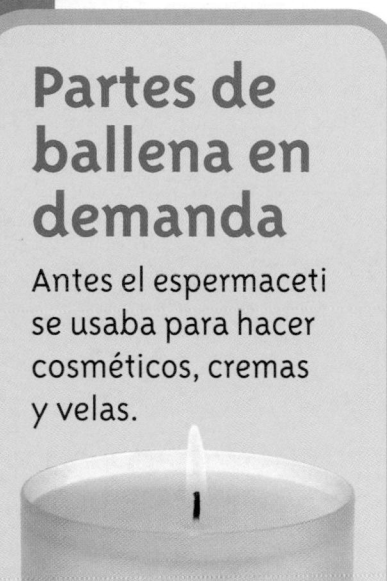

Partes de ballena en demanda

Antes el espermaceti se usaba para hacer cosméticos, cremas y velas.

Esto se llama espermaceti. Pero los científicos no saben cuál es su propósito verdadero.

Sabemos mucho sobre las ballenas cachalotes.

PESO: 35-50 toneladas

LONGITUD: 49-60 pies

ESPERANZA DE VIDA:
Aproximadamente 70 años

PIEL: Gris oscuro o negro, arrugada como una pasa

ALETA DE LA COLA: Le permite a la ballena cachalote nadar hasta 23 millas por hora. La aleta de la cola mide 16 pies de una punta a la otra.

¡extraño pero cierto!

El corazón de la ballena cachalote pesa 277 libras— casi igual a dos adultos humanos.

ALETAS: Ayudan a la ballena a direccionarse

ESPIRÁCULO: Se usa para respirar. Las ballenas cachalotes pueden contener la respiración hasta 90 minutos.

CABEZA: Las ballenas cachalotes tienen una cabeza gigante y una frente redonda.

DIENTES GRANDES: La mandíbula inferior de la ballena cachalote tiene de 36 a 50 dientes. La mandíbula superior no tiene dientes. Las ballenas cachalotes son carnívoras.

Palabra clave

CARNÍVORO: Un animal que sólo come carne

La necesidad de ser líder

Las ballenas cachalotes hembras viajan en grupos familiares que se llaman manadas. Entre 15 y 20 hembras junto a sus crías forman una manada.

La hembra mayor es el líder de la manada. Ella las guía a las otras ballenas a las mejores zonas de alimentación.

Los machos normalmente se van de la manada cuando tienen entre 4 y 21 años de edad. Forman grupos de solteros de hasta 50 machos. Los machos mayores y más grandes normalmente nadan solos.

¿Por qué es importante ser
parte de una manada?

Las ballenas cachalotes de una manada no se separan mientras viajan. Se protegen entre ellas y cuidan a las ballenas enfermas, jóvenes y lastimadas. Se aseguran que todas las ballenas tengan comida.

Esto es una protección importante ya que las ballenas cachalotes migran largas distancias ¡Algunas nadan tantas millas durante sus vidas que podrían dar vuelta a la Tierra muchas veces! Migran de acuerdo a la estación del año.

Groenlandia

CLAVE DEL MAPA:

Zona de migración
de las ballenas cachalotes

Zona donde las
ballenas no van

En otoño,
las ballenas
cachalotes
migran hacia
el ecuador en
busca de una
pareja.

En primavera y verano,
las ballenas cachalotes nadan lejos
del ecuador en busca de comida.

Palabra clave

ECUADOR: Una línea imaginaria de la Tierra a medio camino entre el Polo Norte y el Polo Sur

Las ballenas hembras
y sus crías viven
en las calurosas
aguas tropicales
y subtropicales todo
el año. Los machos,
especialmente los machos
grandes, viajan más. Pueden nadar hasta
Groenlandia en el norte y la Antártida
en el sur.

¡Qué comida!

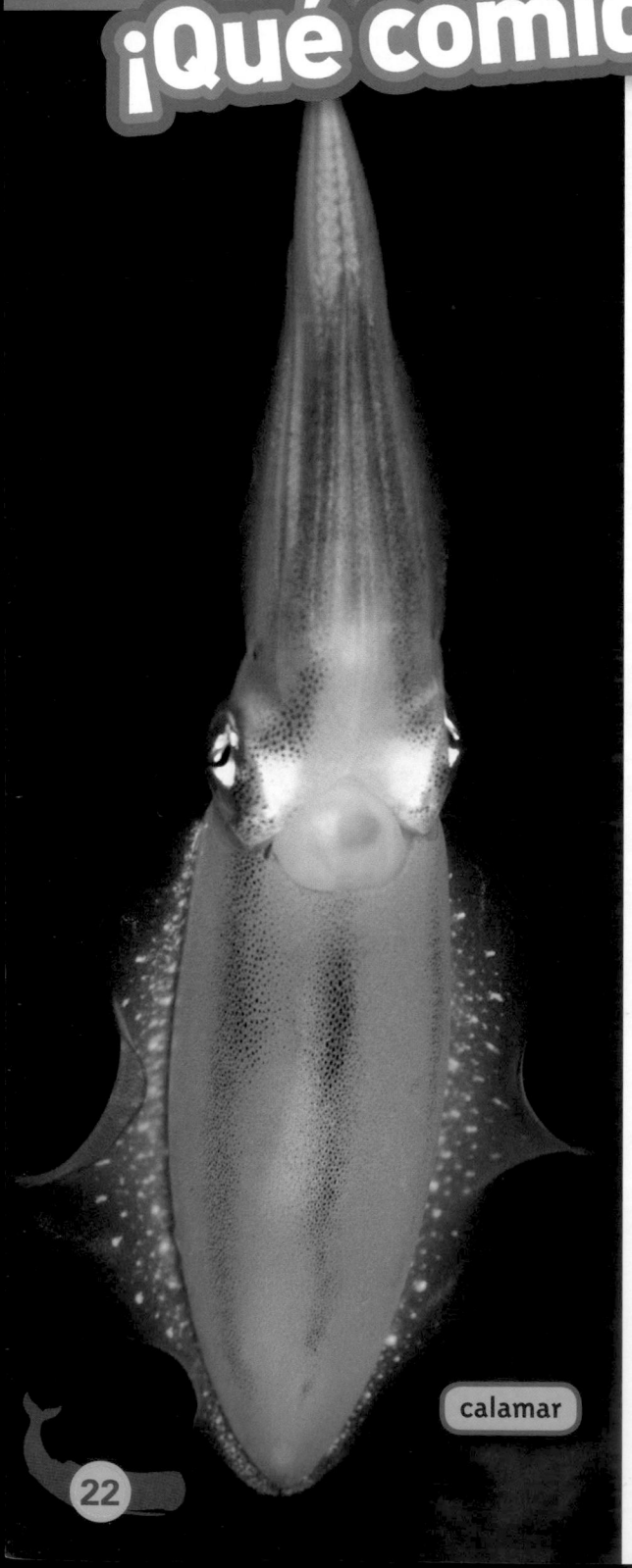

calamar

Las ballenas cachalotes comen mucho—casi una tonelada de comida todos los días. ¡Eso es 2.000 libras! Su comida favorita es el calamar gigante que se encuentra en aguas profundas. ¡Pueden comer hasta 700 calamares en un día! Las ballenas cachalotes también comen pulpos, peces, tiburones y rayas.

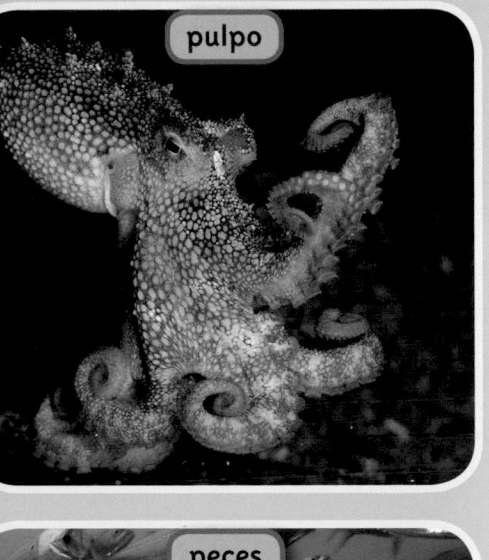
pulpo

peces

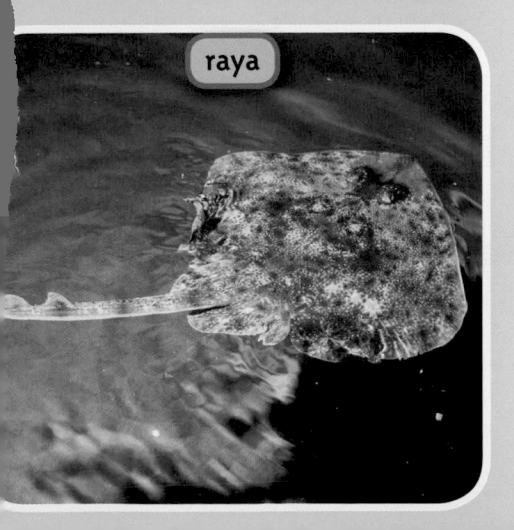
raya

A veces no hay comida suficiente en una zona del océano. Mientras buscan comida, sobreviven con grasa que tienen almacenada en el cuerpo.

Palabra clave

GRASA DE BALLENA: Una capa de grasa que se convierte en energía para calentar el cuerpo de la ballena

Buceadores de grandes profundidades

¡Es hora de bucear para poder cenar! Las ballenas cachalotes bucean a zonas más profundas que cualquier otra ballena. Pueden bucear más de 9.000 pies.

9.000 pies

¿Qué tan profundo?

¿Cuánto son 9.000 pies? Son aproximadamente 1,7 millas. Eso equivale a seis edificios Empire State puestos uno arriba del otro.

Generalmente cuando bucean, las ballenas cachalotes contienen la respiración durante 45 minutos. Después descansan en la superficie por 10 minutos y luego bucean de nuevo. Esto lo hacen todo el día.

Las mamás cazan para sus crías. Las ballenas jóvenes necesitan respirar más seguido que los adultos, entonces no pueden bucear en aguas profundas hasta que sean más grandes. Éstas esperan en la superficie y escuchan a sus mamás buceando abajo.

Ballenas bebés

Las ballenas son mamíferos. Las
ballenas bebés nacen vivas y beben
la leche de su mamá durante sus
primeros dos años de vida. Las
ballenas jóvenes se llaman ballenatos.

Los ballenatos nacen con la cola por delante y respiran por primera vez segundos después de haber nacido. Aprenden a nadar dentro de los primeros 30 minutos de vida.

Igual que a los niños, a los ballenatos les encanta jugar. Juegan en la superficie del agua mientras los mayores bucean.

¡extraño pero cierto!

Las ballenas cachalotes machos no paran de crecer hasta que tienen 50 años. Las hembras dejan de crecer a los 30 años.

10 Datos divertidos sobre las ballenas cachalotes

1

Los recién nacidos pesan 1 tonelada y miden 13 pies.

2

Para no desperdiciar oxígeno, su frecuencia cardíaca se pone lenta cuando bucean en las profundidades.

3

Sus dientes miden 10 pulgadas y pesan 2 libras cada uno.

4

El espiráculo de la ballena cachalote es en forma de S.

5

Pegan la cola fuerte contra la superficie del agua. Es un misterio por qué hacen esto. Podrían estar "hablando" con otras ballenas.

6

Muchas ballenas de la manada ayudan a cuidar a los jóvenes.

7

Tienen los ojos muy atrás en la cabeza. No ven directamente adelante ni atrás, sólo hacia los costados.

8

Algunos científicos creen que el espermaceti ayuda a la ballena cachalote a bucear y luego subir a la superficie.

9

Los ballenatos machos se quedan con sus mamás por al menos 4 años. Pero las hembras se quedan con sus mamás durante toda la vida.

10

Son misteriosas porque pasan la mayor parte del tiempo en aguas profundas — un lugar donde los humanos no pueden acceder fácilmente para estudiarlas.

Las ballenas hablan

Las ballenas cachalotes hablan unas con otras haciendo chasquidos. Estos sonidos también se usan en la ecolocación.

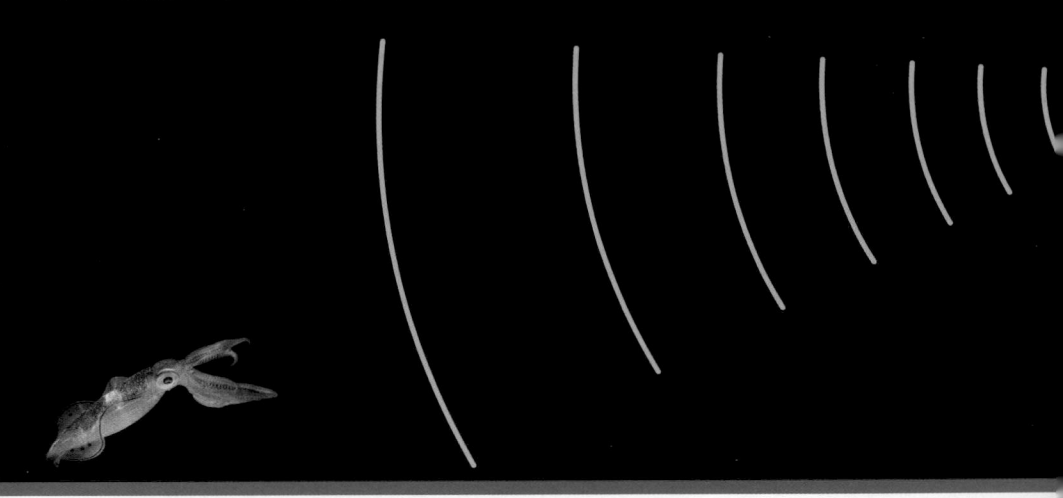

Animales como los delfines, los murciélagos y las ballenas dentadas usan la ecolocación para guiarse en la oscuridad. Las ballenas transmiten ondas sonoras que rebotan en los objetos que están en su camino. El sonido rebota del objeto y vuelve a la ballena. Así saben el tamaño y la distancia del objeto.

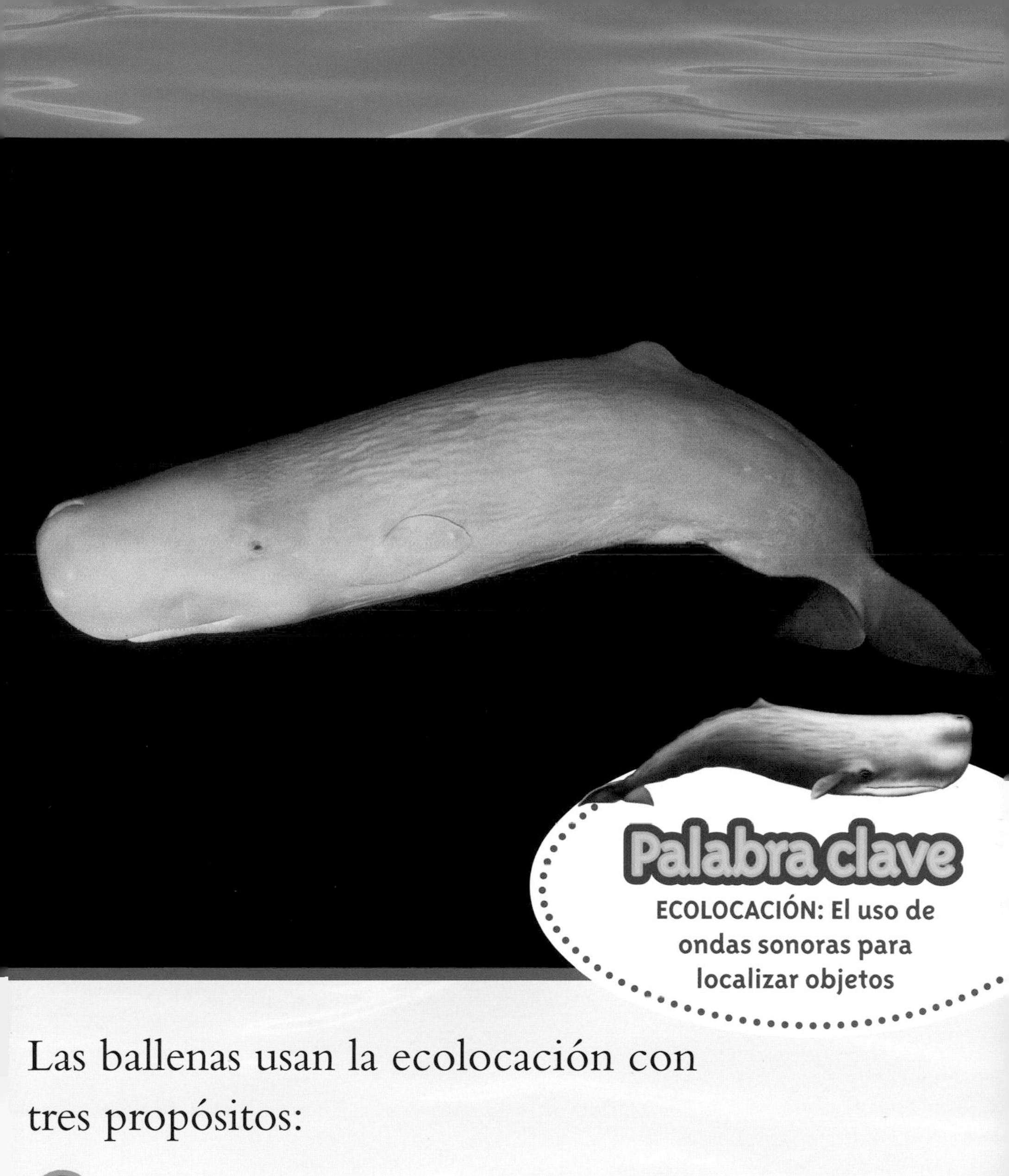

Palabra clave

ECOLOCACIÓN: El uso de ondas sonoras para localizar objetos

Las ballenas usan la ecolocación con tres propósitos:

1. Para encontrar el camino en el océano profundo y oscuro,
2. para encontrar comida, y
3. para encontrar a sus crías en la superficie del agua.

Peligros mortales

Un calamar gigante puede ser la comida favorita de la ballena cachalote—pero también es su peor enemigo.

¡Calamar monstruoso!

El calamar gigante puede llegar a medir hasta 59 pies y pesar más de una tonelada. ¡Eso es más alto que un edificio de cinco pisos y más pesado que diez hombres grandes!

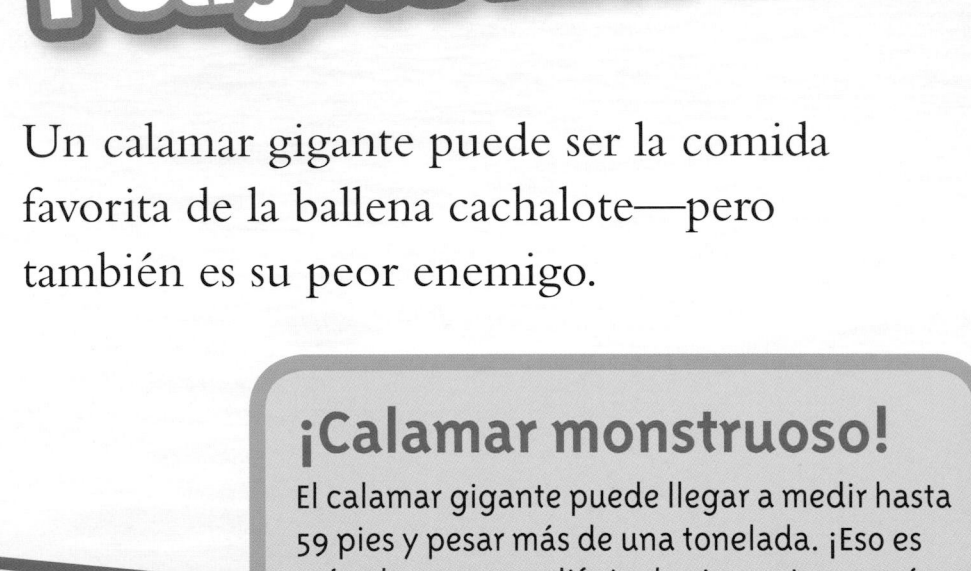

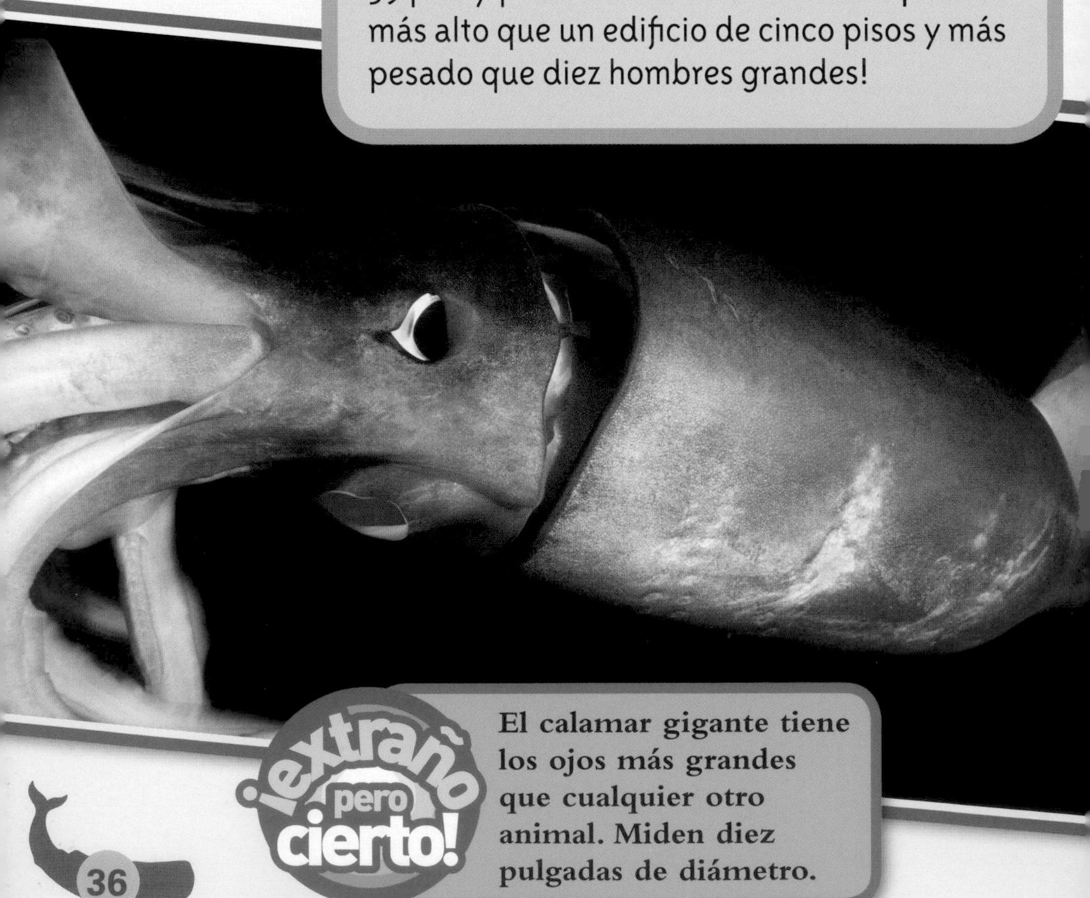

¡extraño pero cierto!

El calamar gigante tiene los ojos más grandes que cualquier otro animal. Miden diez pulgadas de diámetro.

De hecho, cuando los dos se juntan, puede haber una pelea mortal. Las cicatrices en forma de círculo en el cuerpo de las ballenas cachalotes indican que ha participado en una batalla feroz con un calamar.

Las orcas a veces atacan a las ballenas cachalotes también. Al ser atacadas, las ballenas cachalotes forman un círculo para proteger a las ballenas enfermas y jóvenes. Así pueden defenderse del agresor con sus colas enormes.

Greenpeace es una organización que trabaja para detener barcos que cazan a las ballenas ilegalmente, como este barco disfrazado de un barco de investigación.

Durante los siglos 18, 19 y hasta el siglo 20, muchas ballenas fueron matadas por hombres. A las ballenas cachalotes las cazaban por su espermaceti y su aceite, los cuales se usaban para encender lámparas y hacer cera para velas. Los cazadores también mataban a las ballenas cachalotes por su ámbar gris, un material usado para hacer perfumes.

Luego, el querosén reemplazó al aceite de ballenas como forma de encender las lámparas. La caza de ballenas fue prohibida en la década de 1980. Desde entonces, el número de ballenas cachalotes ha aumentado. Ahora, hay muchas ballenas cachalotes en el océano pero la caza ilegal de ballenas todavía existe.

¡extraño pero cierto!

Los científicos estiman que la caza de ballenas ha matado a un millón de ballenas cachalotes.

Los químicos de fábricas, barcos y otras actividades humanas son un peligro para las ballenas y para el medioambiente. Esto se llama contaminación. Puede enfermar a las ballenas y hasta matarlas.

Palabra clave

CONTAMINACIÓN: Daño al medioambiente producido por los humanos

Las ballenas también corren peligro cuando se acercan demasiado a la costa. Se pueden atascar en las playas en aguas poco profundas.

Atraídos a la costa

Los científicos no saben exactamente por qué las ballenas a veces se acercan a la costa. Puede ser por los fuertes ruidos, la contaminación o las condiciones climáticas inusuales.

Pero hay buenas noticias.

Varias organizaciones están trabajando para terminar con los derrames de petróleo y otras sustancias contaminantes en el océano. La gente está usando menos bolsas de plástico que podrían terminar en el océano y dañar a los animales marinos.

Además, los investigadores están trabajando para descubrir por qué las ballenas terminan varadas y qué se puede hacer para ayudarlas.

Existen organizaciones como Greenpeace que tratan de terminar con la caza ilegal de ballenas. La Sociedad Sea Shepherd Conservancy es otro grupo que hace cumplir las leyes de caza y trata de evitar que las ballenas sean asesinadas.

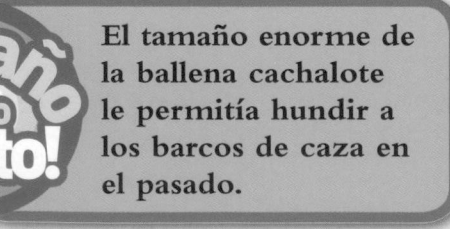
El tamaño enorme de la ballena cachalote le permitía hundir a los barcos de caza en el pasado.

Y la mejor noticia de todas es que la ballena cachalote parece estar prosperando en el océano hoy.

¿Qué puedes hacer tú?

Aprende más sobre las ballenas cachalotes y cómo terminar con la contaminación en nuestros océanos. Mientras más entendemos, más podemos ayudar.

Estos grupos apoyan a las ballenas y a otros animales en su paso por el planeta:

National Geographic Society
animals.nationalgeographic.com/animals/mammals/
sperm-whale.html

World Wildlife Fund
wwf.panda.org/what_we_do/endangered_species/
cetaceans/about/

International Fund for Animal Welfare
www.ifaw.org/ifaw_asia_pacific/save_animals/whales/

Oceanic Research Group
www.oceanicresearch.org/education/wonders/
spermwhales.htm

Glosario

MIGRACIÓN: Moverse de una región o hábitat a otra en busca de comida o una pareja

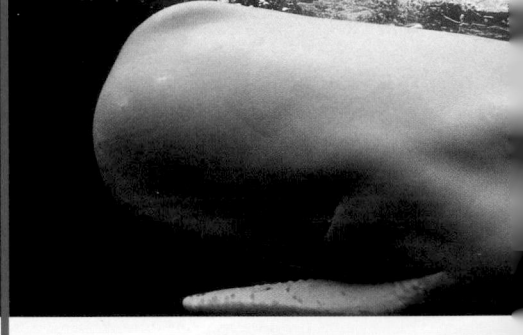
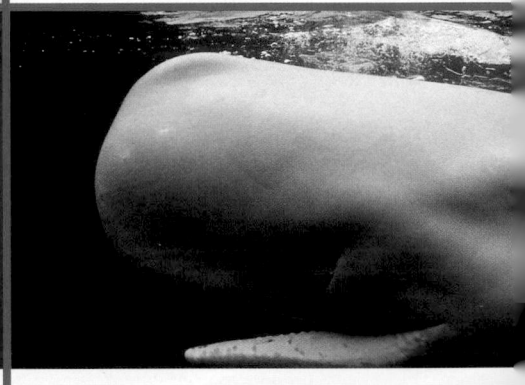

ESPERMACETI: Un material aceitoso y ceroso que se encuentra en la cabeza de la ballena cachalote

CARNÍVORO: Un animal que sólo come carne

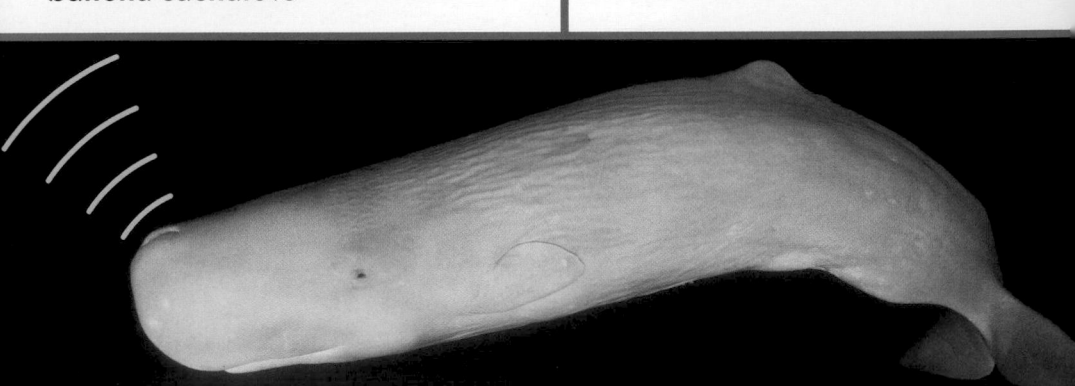

ECOLOCACIÓN: El uso de ondas sonoras para localizar objetos

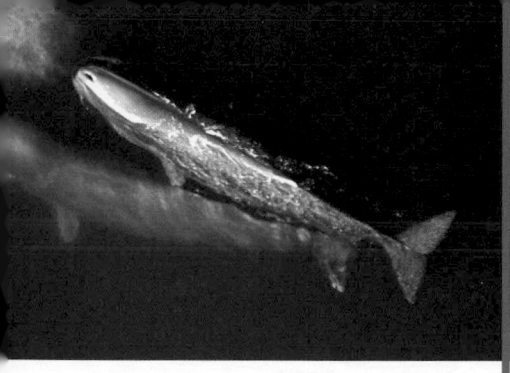

PAREJA: El macho o la hembra en una relación. La mayoría de los animales necesitan una pareja para tener crías.

DEPREDADOR: Un animal que come a otros animales

ecuador

ECUADOR: Una línea imaginaria de la Tierra a medio camino entre el Polo Norte y el Polo Sur

GRASA DE BALLENA: Una capa de grasa que se convierte en energía para calentar el cuerpo de la ballena

BALLANERO: Barco dedicado para cazar ballenas

CONTAMINACIÓN: Daño al medioambiente producido por los humanos

47

Índice